AF224406
AF224406
4h

LA TRAIIISON

DU

MARÉCHAL BAZAINE

Bruxelles. — Imp. J. H. Briard, rue des Minimes, 51.

LA TRAHISON

DU

MARÉCHAL BAZAINE

ANTÉRIEURE A LA CAPITULATION DE METZ

PAR

UN OFFICIER D'ÉTAT-MAJOR

ATTACHÉ A L'ARMÉE DU RHIN

DEUXIÈME ÉDITION

FRANCE ET BELGIQUE

CHEZ TOUS LES LIBRAIRES

—

1871

Je ne veux pas faire de préface. Deux mots seulement d'explication au lecteur et à mes camarades de l'armée.

J'ai écrit ces lignes, parce que j'ai éprouvé le besoin de faire connaître les faits et gestes du maréchal Bazaine depuis son entrée en campagne (29 juillet) jusqu'à la capitulation de Metz (29 octobre) ; afin de mettre en lumière les hontes et les turpitudes du chef en qui l'armée et la France avaient placé leur confiance, et qui devait livrer l'une et l'autre à l'étranger.

Beaucoup ont écrit déjà sur *l'homme de Metz,* mais aucun de ceux qui l'ont fait n'est du métier et n'a fait la campagne. Voyant qu'aucun de mes camarades ne racontait ces actes, parfaitement connus d'eux tous cependant, j'ai pris la plume, et je les ai narrés pour l'édification de nos compatriotes.

Maintenant, pourquoi ai-je gardé l'anonyme? Pour deux raisons : la première, c'est que, quoique hors du territoire français, je n'en suis pas moins toujours soumis aux règlements généraux qui régissent notre armée. Je ne puis rien publier sous mon nom sans l'autorisation du ministre de la guerre; et pour le moment, il m'est impossible de demander ni de recevoir cette autorisation de M. Léon Gambetta. Si un jour je puis l'obtenir, on verra mon nom au bas de ces pages.

La seconde raison, c'est que, comme j'ai tout lieu de croire que le maréchal Bazaine est dans les meilleurs termes avec les autorités prussiennes, je pourrais bien, dans la situation où je me trouve aujourd'hui, m'attirer des désagréments en signant ces lignes.

I

Le jour où le maréchal Bazaine signa la capitulation de Metz, il
n'y eut qu'un cri dans l'Europe, et on peut dire dans le monde entier :

« Bazaine est un traître ! »

Si jamais l'adage : « *Vox populi, vox Dei,* » fut justifié, c'est bien
dans ce cas.

En effet, le chef qui, à la tête d'une armée de 140,000 hommes,
appuyé à une place imprenable par ses forts détachés et ses rem-
parts, signe une capitulation sans avoir livré une bataille, sans que
la place ait seulement été attaquée, celui-là est un traître, et chacun a le droit de le penser et de le dire.

Mais il faut bien qu'on le sache, ce n'est pas du 28 octobre (jour
de la signature de la capitulation) que date la trahison du maréchal
Bazaine : c'est du commencement même de la campagne, c'est du
jour où il a quitté Metz à la tête de son corps d'armée.

Pour moi, qui faisais partie du 3ᵉ corps qu'il commandait au début
des opérations, qui suis resté dans ce corps et par conséquent sous
ses ordres quand il a pris le commandement en chef de l'armée du
Rhin, qui ai fait toute la campagne depuis le premier jour jusqu'au
dernier avec lui, maintenant que les événements sont accomplis et
que je regarde en arrière, ma conviction est faite, et irrévocable-
ment faite : le maréchal était de connivence avec la Prusse dès le
commencement de la campagne.

Cette conviction se base sur des faits, des faits palpables, des faits irréfutables ; et si j'entreprends d'écrire ces quelques lignes, c'est pour que la vérité tout entière soit connue, c'est pour que chacun puisse se faire une opinion et juger en pleine connaissance de cause la conduite du maréchal Bazaine.

C'est aussi parce que sous le gouvernement de la République, qui semble actuellement accepté en France, République qui, je l'espère, sera toujours honnête, il faut que tout malhonnête homme, tout lâche, tout traître, soit stigmatisé et marqué au fer rouge de la réprobation universelle.

Il faut que nous en finissions une bonne fois avec tous ces *pourris* de l'empire, qu'il a faits et qu'il nous a légués ; il faut qu'ils soient signalés, réprouvés hautement, et qu'ils aillent rejoindre leur dieu à Wilhelmshœhe, pour n'en plus revenir.

La tâche que j'entreprends aujourd'hui, je l'aurais déjà remplie, car je regarde comme un devoir de divulguer la vérité, si, depuis la capitulation de Metz, je n'avais été retenu sur mon lit de douleur par une grave maladie. Aujourd'hui je m'acquitte de ce devoir.

Je raconterai ce que j'ai vu, les faits tels qu'ils se sont passés. Je montrerai les fautes qui ont sauté à tous les yeux, fautes impardonnables, et certainement volontaires. Mais je ne raconterai pas les combats, les batailles ; je laisse ce soin aux historiens de l'avenir : mon but est que la lumière se fasse sur les actes du maréchal, afin que chacun soit édifié et qu'il n'y ait plus un doute sur la trahison du chef qui nous a livrés ignominieusement aux Prussiens.

Cette étude comprendra deux parties :

1° Opérations et conduite du maréchal Bazaine avant le blocus de Metz ;

2° Opérations et conduite du maréchal Bazaine pendant le blocus jusqu'à la capitulation.

II

I

Le maréchal Bazaine se mit en campagne vers le 25 juillet. Il quitta Metz et transporta son quartier général à Boulay. Il commandait alors le 3e corps, mais qui n'était pas au complet; sa quatrième division d'infanterie ne se mit en marche que le 29 juillet. C'est donc à ce moment seulement que le maréchal entre en ligne avec toutes ses forces (45,000 hommes environ) pour prendre part à la grande lutte qui se préparait.

Au lieu de se porter directement sur Saint-Avold et Saarbruck, puisque c'était par là que le général Frossard, chargé de donner le baptême du feu au fils de Napoléon III, devait franchir la frontière prussienne, le maréchal Bazaine perd huit jours à promener ses divisions éparses, et sans aucun lien, de Boulay à Boucheporne, de Boucheporne à Carling, de là à Teterchen, etc., etc., enfin, dans tous les villages qui se trouvent à environ douze kilomètres de la frontière et sur une ligne parallèle. Il s'arrangeait ainsi pour n'arriver à Saint-Avold que le 6 août, tandis qu'il aurait pu y être dès le 1er.

Son corps d'armée ne prit donc point part aux combats de Saarbruck, de Spickeren et de Forbach (1). Il était pourtant bien près du théâtre de ces luttes, il pouvait s'y transporter rapidement, et changer ainsi vraisemblablement la face des choses.

(1) Sauf un ou deux régiments qui furent envoyés dans cette direction, mais trop tard.

II.

Il faut insister ici sur un détail qui a son importance : c'est la manière dont étaient ordonnées et dont s'effectuaient les marches des divisions du 3ᵉ corps. Il semblait que l'on cherchât à rendre ces marches le plus pénibles possible, à fatiguer le soldat outre mesure, de façon à l'amener sur le champ de bataille hors d'état de combattre.

Quand on devait marcher, les troupes avaient ordre d'être prêtes au petit jour, à trois heures du matin, tentes ployées, sac au dos : quelquefois elles ne se mettaient en route qu'à une heure de l'après-midi, mais elles avaient attendu là, debout, depuis trois heures du matin, n'osant faire ni la soupe ni le café, dans la crainte d'un départ subit, et elles partaient le ventre vide, pour arriver de même à la nuit tombante. D'autres fois, c'était l'inverse : on partait à trois heures du matin, on arrivait au lieu du bivac à onze heures ou midi, mais les hommes ne pouvaient dresser leurs tentes et faire la soupe qu'à six heures du soir, parce qu'on ne se donnait pas la peine de leur désigner des emplacements pour bivaquer, et qu'on préférait les faire attendre.

Ces choses, je les ai vues, et tous les officiers du corps du maréchal Bazaine pourraient en témoigner. Il y avait là un parti pris de fatiguer, d'abîmer le soldat, déjà si lourdement chargé, et de le rendre incapable de combattre. Aussi ai-je entendu dire à beaucoup d'officiers qui avaient fait la campagne si dure de Crimée, qu'ils n'avaient jamais supporté de fatigues pareilles à celles qui furent le lot du corps Bazaine depuis le début de la campagne jusqu'au retour sous Metz.

C'était, par suite, un spectacle désolant que celui de nos colonnes en route. On semait des hommes à chaque pas ; dès les premiers kilomètres, ils étaient fatigués. Ils se couchaient dans les fossés, et ne voulaient plus marcher ; beaucoup furent ramassés par les uhlans qui nous suivaient à la piste ; d'autres quittèrent tout à fait les rangs, et désertèrent. On peut le dire, jamais général n'a plus mal dirigé la marche de ses colonnes que Bazaine dans cette courte campagne, et pourtant Dieu sait s'il a assez l'expérience de la guerre pour savoir comment on doit faire marcher des troupes sans les fatiguer outre mesure.

III

A Saint-Avold, le maréchal attendit ou feignit d'attendre l'ennemi pendant deux jours. Sa position était superbe : il pouvait l'arrêter, lui barrer la route, et lui faire payer cher le désastre de Forbach. Mais quand il apprit que les Prussiens arrivaient, il battit en retraite sur Metz. Les uhlans nous poussèrent, pour ainsi dire, le sabre dans les reins ; ils entrèrent à Saint-Avold par une porte pendant que nous sortions par l'autre. Le maréchal ne leur fit même pas donner la chasse par sa cavalerie.

Cette cavalerie nous fut du reste bien inutile, et le maréchal s'en servit bien peu et bien mal. Il avait une magnifique division de dragons, soit quatre régiments ; il n'y avait qu'une seule manière de les utiliser, c'était de s'en servir comme d'éclaireurs. Il fallait pour cela détacher des pelotons, des escadrons ; les envoyer dans toutes les directions, à quatre ou cinq lieues de l'armée, avec ordre de ne revenir qu'avec des renseignements sur la position de l'ennemi, sa force et ses intentions. Les Prussiens sous ce rapport nous donnaient de bonnes leçons : leurs uhlans nous suivaient pas à pas, épiaient tous nos mouvements, ne nous perdaient pas de vue un instant, de sorte que leur armée était toujours parfaitement renseignée.

Le maréchal Bazaine n'en agissait pas ainsi ; il s'inquiétait peu d'avoir des renseignements sur l'ennemi. Sa cavalerie suivait les routes, derrière l'infanterie, au petit pas ; et si par hasard, en arrivant au bivac, on envoyait un peloton en reconnaissance, il était enjoint à l'officier qui le commandait de ne pas dépasser d'un kilomètre la ligne des grand'gardes, c'est-à-dire de ne pas s'éloigner à plus de deux kilomètres du camp. Jugez quels renseignements ces cavaliers pouvaient recueillir ! Aussi notre cavalerie ne nous servit-elle absolument à rien, qu'à encombrer les routes et à retarder la marche des colonnes.

Il faut le dire à la louange de cette arme, tous, officiers et soldats, étaient honteux du rôle inactif qu'on leur faisait jouer, et ne demandaient qu'à aller à l'ennemi.

IV

Quand nous quittâmes Saint-Avold, un devoir élémentaire et de première nécessité était, en se retirant sur Metz, de détruire le chemin de fer qui relie ces deux localités : le maréchal n'eut garde de le faire ; il laissa la voie intacte, pour que MM. les Prussiens pussent, à leur aise, amener rapidement sous Metz leurs troupes et leur matériel.

La retraite sur Metz se fit en quatre jours, les 8, 9, 10 et 11 août, et par un temps affreux. On eût pu cependant s'établir derrière la Nied française ou la Nied allemande, deux rivières qui courent parallèlement à la Moselle, et qui couvrent Metz, et y attendre l'ennemi, mais on marcha directement sur cette place sans s'arrêter. Les Prussiens nous suivaient, mais ne nous attaquaient pas. Cependant un mouvement de concentration s'opérait dans l'armée française : les 2e, 4e et 6e corps, ainsi que la garde, se ralliaient au 3e, et le

12 août, le maréchal Bazaine était investi par l'empereur du commandement en chef de l'armée du Rhin, formée ainsi de la réunion de cinq corps.

Ici la responsabilité du maréchal devient plus grande, et ses fautes volontaires ont des conséquences bien plus graves.

V

On se reposa les 12 et 13 dans la plaine de Metz, sur la rive droite de la Moselle. Pendant ce temps l'armée du prince Frédéric-Charles s'avançait, et il était à croire, ou qu'elle nous attaquerait si nous l'attendions, ou qu'elle chercherait à franchir la Moselle, si nous-mêmes nous la passions. Le plus simple bon sens indiquait donc qu'il fallait faire sauter les ponts sur la Moselle en amont et en aval de Metz. N'eût-on fait cette opération que de Pont-à-Mousson jusqu'à Thionville (sur un parcours de douze lieues seulement), elle eût suffi pour arrêter longtemps l'ennemi et nous permettre de prendre, en arrière du fleuve, de bonnes positions défensives. Le maréchal avait deux jours pour faire sauter les ponts, mais il se garda bien de les détruire. De même qu'il avait laissé aux Prussiens le chemin de fer intact, de même il leur laissa tous les ponts sur la Moselle, pour qu'ils pussent la franchir quand ils le voudraient.

Que l'on juge d'après ces faits des intentions, je dirai plus, des accointances, du chef qui nous commandait ! Lorsqu'un général ayant l'expérience et les capacités de celui-ci, oublie à ce point ses premiers devoirs, néglige de prendre les plus simples mesures de précaution, des mesures qu'un caporal saurait prendre, on a le droit de le juger avec la dernière sévérité, et de dire qu'il trahit et qu'il livre lâchement son armée.

VI

Le 14 août, le maréchal fait passer toutes ses troupes sur la rive gauche de la Moselle, en traversant Metz. Quand les deux tiers de l'armée environ ont passé, les Prussiens, qui jusque-là s'étaient toujours dissimulés, nous attaquent avec des forces considérables. L'armée revient en hâte sur la rive droite de la Moselle, et c'est alors qu'a lieu la bataille de Borny, qui dure de quatre heures du soir à neuf heures. Nous restâmes maîtres de nos positions, les Prussiens ne nous firent pas reculer d'une semelle ; malgré cela, sur les onze heures, le maréchal Bazaine donna l'ordre de battre en retraite ; dans la nuit, au milieu de la confusion la plus inextricable, l'armée passa sur la rive droite de la Moselle, et le 15 août au matin elle bivaquait sur les glacis de Metz.

Le soir même de ce jour, sans avoir pris de repos, l'armée se remit subitement en marche dans la direction de Verdun. Mais grâce à tous les *impedimenta* qui nous suivaient, et qu'il était si facile de laisser à Metz dans un moment pareil ; grâce aussi à ce qu'on avait dirigé toutes les colonnes sur la même route, la gauche de l'armée ne put commencer son mouvement que le lendemain matin à cinq heures, après avoir passé toute la nuit sur la route.

Le 16 au matin, quand nous rencontrâmes l'ennemi déjà en marche sur Verdun, il y avait donc deux nuits que le soldat n'avait pris de repos ; il les avait passées debout ou en marche, par l'impéritie de notre chef, qui ne savait ou ne voulait rien prévoir.

Malgré cela, la bataille de Gravelotte ou de Rezonville qui se livra dans cette journée mémorable, fut une victoire pour nous. Bien que la présence de trois maréchaux sur le champ de bataille ait

amené des tiraillements regrettables (1), l'ardeur de nos troupes
fut telle, le feu de notre artillerie fut si intense et si bien dirigé,
l'élan de notre cavalerie fut si irrésistible, que malgré l'infériorité
du nombre, le soir nous avions mis les Prussiens en pleine déroute
et nous couchions sur leurs positions. Cette lutte dura de dix heures
du matin à dix heures du soir. Malgré sa fatigue, l'armée, qui sen-
tait qu'elle venait de remporter un succès, reprenait confiance, et
les visages s'épanouissaient. Nous venions en effet de gagner une
grande bataille, et c'était la première !

Aussi, quel ne fut pas notre étonnement lorsque le lendemain
matin 17, avant le lever de l'aurore, le maréchal Bazaine envoya,
avec une sorte de mystère qui pouvait faire supposer qu'il s'était
produit des revirements dans la nuit, l'ordre de battre en retraite
dans la direction de Metz, sur les villages d'Amanvilliers et de Chastel-
Saint-Germain ! Nous étions vainqueurs, et nous abandonnions
le champ de bataille ! Le mécontentement était grand : mais la discipline fait obéir aveuglément au chef, quel qu'il soit ; on exécuta donc
cet ordre qui mettait la mort dans l'âme de chacun de nous.

Si ce jour-là 17, au lieu de nous replier sur Metz, nous eussions
seulement fait un mouvement de conversion à gauche, en nous rabat-
tant sur la vallée de la Moselle, nous y bousculions l'ennemi, et l'armée du prince Frédéric-Charles était anéantie.

Mais on laissa les Prussiens bien tranquilles, et dans cette journée
les armées de Steinmetz et du prince Frédéric-Charles firent leur
jonction. Nous allions donc nous trouver, loin de la route de Verdun,
en présence de forces écrasantes. Tel était le résultat que le maréchal Bazaine retirait de notre victoire de Gravelotte.

Le 18 nous trouva en avant du ravin de Chastel-Saint-Germain, à
quelques kilomètres seulement des forts de Metz. Dès l'aube, on put
voir des masses énormes de Prussiens sortir de la vallée de la Moselle, où ils s'étaient réfugiés après leur défaite de Gravelotte : ils

(1) Les maréchaux Lebœuf et Canrobert n'avaient pas encore pris l'habitude de se
plier à l'autorité du maréchal Bazaine, plus jeune qu'eux, et qui n'était investi que depuis
quatre jours du commandement en chef.

étaient bien plus nombreux que l'avant-veille, et reprenaient la route de Verdun.

Nous nous trouvions sur leur droite, et il était évident qu'ils allaient nous attaquer. Nous n'eûmes que le temps de faire dans la matinée quelques tranchées-abris, pour fortifier un peu notre position, et dès dix heures la lutte s'engagea sur toute la ligne. Je ne raconterai pas plus cette bataille que je n'ai raconté les autres, fidèle en cela à l'engagement que j'ai pris au commencement de cet écrit. Je dirai seulement que les Prussiens nous attaquèrent avec une vigueur extrême; que leur artillerie, qui s'était accrue et réapprovisionnée la veille, nous écrasa sous le poids des projectiles qu'elle lançait à des distances incroyables; et qu'il fallut tout le calme, tout le sang-froid, toute la bravoure de notre infanterie, pour tenir ferme dans nos positions et les conserver sans abandonner de terrain à l'ennemi. Notre droite seule fléchit, mais le centre et la gauche restèrent inébranlables. On se battit jusqu'à dix heures du soir; le champ de bataille était alors éclairé par les lueurs sinistres des incendies qu'avaient allumés les Prussiens, et le terrain était jonché de morts et de blessés.

Malgré tous les efforts de l'ennemi, nous étions restés maîtres de nos positions, et nous pouvions espérer continuer la lutte le lendemain, mais le 19, bien avant le jour, le maréchal Bazaine avait déjà ordonné la retraite, et l'armée se repliait sous le canon des forts Saint-Quentin et Plappeville. Les Prussiens restaient maîtres de la route de Verdun et pouvaient marcher sur Paris.

Il y avait là, il faut en convenir, de la part du maréchal, un parti pris de ne pas s'opposer à la marche des Prussiens. Après deux combats successifs, dont l'un était une victoire, nous leur abandonnions le champ de bataille.

Dans les journées des 20 et 21, nous ne fûmes point inquiétés; l'armée se replia sur Metz et prit ses bivacs autour de la ville, bivacs qu'elle croyait momentanés et qui devaient devenir définitifs. Pour elle l'inaction commençait, et avec l'inaction le blocus et son cortége de misères.

III

I

J'arrive maintenant à la seconde partie de ce travail : opérations et conduite du maréchal Bazaine depuis le blocus jusqu'à la capitulation de Metz.

Dans cette partie je serai encore plus bref que dans la première. Ici les faits sont plus connus, on a déjà écrit plusieurs brochures sur celui que l'on a appelé l'*homme de Metz*, puis sur la capitulation de la ville *pucelle*, comme l'appelaient fièrement ses habitants. Je me bornerai à insister sur les fautes militaires commises par le maréchal Bazaine, et sur les points qui sont restés dans l'ombre ou dans l'oubli.

L'armée, après les trois semaines de campagne qu'elle venait de faire, après les combats des 14, 16 et 18, avait besoin de repos ; mais au bout de quatre ou cinq jours elle était refaite, les munitions étaient complétées, hommes et chevaux étaient réconfortés ; aussi l'impatience commençait-elle à la prendre ; en présence de l'ennemi, il lui semblait tout naturel de marcher sur lui.

Mais le maréchal Bazaine, maintenant qu'il était dans Metz, comptait bien y rester et n'en pas bouger jusqu'au moment où il livrerait à MM. les Prussiens l'armée et la place.

Pourtant, devant l'impatience des troupes qui brûlaient de reprendre la lutte, le maréchal résolut de faire un semblant de mouvement offensif. Le 25 août au soir, il envoya l'ordre de se tenir prêts à partir le lendemain dès l'aurore, avec tous les bagages, tous les *impedimenta,* comme si l'on ne devait plus revoir Metz.

Le 26 de grand matin, toute la portion de l'armée qui était campée sur la rive gauche de la Moselle franchit le fleuve, et l'armée tout entière vint s'établir sur la rive droite, entre les routes de Boulay et de Bouzonville, en débordant l'une et l'autre. Elle resta là toute la journée, sous une pluie battante, l'arme au bras, attendant des ordres. Les Prussiens ne se dérangèrent pas, c'est à peine si l'on vit quelques mouvements dans leur camp ; ils n'eurent pas l'air de s'inquiéter de nous. Sans doute ils savaient à quoi s'en tenir sur cette démonstration de notre part, car ils restèrent dans l'inaction. Les ordres que nous attendions n'arrivèrent pas, la journée se passa ; et le soir, quand tout le monde fut bien mouillé, on battit en retraite et on regagna les bivacs.

Tel fut le premier exploit du maréchal autour de Metz. Le lendemain, il faisait répandre le bruit par son entourage que nous avions obtenu un grand succès : nous avions offert la bataille aux Prussiens et ils ne l'avaient pas acceptée ! ! !

Voilà ce que le maréchal appelait un succès. Qu'il me soit permis de lui dire qu'il était facile d'en avoir un moins contestable : puisque les Prussiens ne semblaient pas disposés à se battre, il fallait précisément tomber sur eux, franchir leurs lignes, et se mettre en route pour donner la main au maréchal de Mac-Mahon, qui à ce moment même cherchait à nous rallier.

Ce jour-là, le maréchal Bazaine perdit bien certainement l'occasion de sauver la France. S'il eût franchi la ligne des Prussiens, et qu'il eût pris la direction de Briey et de Sedan, il faisait sa jonction avec Mac-Mahon, et les deux armées réunies pouvaient tenir la campagne, battre successivement les deux grandes armées prussiennes, celle de Metz et celle du prince royal, et changer ainsi la face des choses.

Mais le maréchal aimait mieux se reposer dans la résidence qu'il s'était choisie au Ban-Saint-Martin, et, au lieu d'aller à Mac-Mahon, attendre que Mac-Mahon vînt à lui.

II

L'armée rentra donc dans le repos et l'inaction : pour l'occuper un peu, on fit faire autour du camp des tranchées-abris, on éleva quelques retranchements, enfin on continua à travailler aux forts dont l'achèvement n'était pas complet. De leur côté les Prussiens n'étaient pas inactifs; ils travaillaient sans relâche à élever des redoutes, à construire des batteries; ils se fortifiaient dans les villages, qu'ils occupaient de façon à nous enserrer dans un véritable cercle de fer et de feu. Le blocus était établi avec une rigueur extrême, aucune nouvelle de l'extérieur ne nous parvenait. Le maréchal en recevait-il? c'est ce que j'ignore : toujours est-il qu'il n'en faisait part à personne.

Cependant le mécontentement de l'armée allait croissant; l'inaction dans laquelle on la tenait irritait tout le monde, officiers et soldats. Tous demandaient à marcher à l'ennemi, qu'on voyait se fortifier de jour en jour dans ses positions.

Pour faire prendre patience, le maréchal décida pour le 31 août une nouvelle démonstration identique à celle du 26.

Le 30 au soir on reçut l'ordre de se tenir prêt à partir le lendemain dès la pointe du jour avec tous les bagages, comme pour un départ définitif; et le 31 au matin toute l'armée se trouva massée sur la rive droite de la Moselle, dans les mêmes positions qu'elle occupait le 26.

Là encore comme le 26, on attendit toute la matinée, et tout le jour, l'arme au bras. A quatre heures du soir seulement arriva l'ordre d'attaquer les villages de Servigny et de Sainte-Barbe, où les Prussiens étaient en force et où ils avaient massé une artillerie formidable. Mais il n'y avait plus que trois heures de jour, le village de Sainte-Barbe se trouvait à sept kilomètres en avant de notre front de bataille, et il était téméraire, je dirai plus, insensé, de demander à une troupe d'enlever des positions aussi fortes avec si peu de temps devant elle. Cependant les colonnes se mirent en mouvement avec un entrain admirable; malgré le feu intense de l'artillerie prussienne, on avançait en ordre comme à la manœuvre. A la nuit noire (il était huit heures et demie) on atteignit le village de Servigny; il fut enlevé, puis repris plusieurs fois, enfin resta définitivement aux Prussiens. Quant au village de Sainte-Barbe il fut impossible d'y arriver; il était trop éloigné. Cependant on coucha sur les positions conquises, et, on peut dire, nez à nez avec les Prussiens.

Le lendemain matin dès cinq heures, sans avoir reçu d'ordres (il n'en arrivait aucun), on reprit l'attaque avec fureur. On était sur le point de percer les lignes prussiennes quand tout à coup, à neuf heures, arrive l'ordre de battre en retraite. C'était le maréchal Bazaine, qui, sans connaître seulement le succès de la veille et du matin (1), ordonnait la retraite et faisait rentrer l'armée dans ses bivacs.

Ainsi, le 31, le maréchal ordonne d'attaquer l'ennemi à quatre heures du soir, quand on était en position de le faire dès les huit heures du matin; et le lendemain, 1er septembre, il nous fait battre en retraite au moment où, après des efforts héroïques, nous allions enlever les positions des Prussiens et pouvoir franchir leurs lignes! Qu'on juge maintenant la conduite de ce chef : ou bien il y a ineptie, et pour nous c'est inadmissible, car nous savons tous que le maréchal est fort intelligent, ou bien il y a trahison flagrante.

Ces deux fatales journées nous coûtèrent beaucoup de monde. C'était du sang répandu inutilement : un sang dont la France a le droit de demander compte au maréchal Bazaine.

(1) Il était allé passer la nuit dans un bon lit au village de Saint-Julien, à sept kilomètres en arrière du champ de bataille, et c'est en vain que depuis l'aurore les officiers d'état-major le cherchaient pour avoir des ordres.

III

L'armée rentra définitivement dans ses bivacs, mais cette fois-ci elle ne devait plus les quitter. C'était pour deux mois qu'elle s'enfermait dans ses lignes.

Jamais parmi nous on ne connut ni même on ne soupçonna cette résolution du maréchal Bazaine de s'enfermer dans le camp sous Metz, comme dans un fromage de Hollande; et jusqu'au dernier jour on conserva l'espoir de faire une sortie et de franchir les lignes prussiennes.

Mais celui qui tenait nos destinées entre ses mains en avait décidé autrement. A partir du 1er septembre, aucune sortie générale ne fut tentée; on se contenta de faire des fourrages, c'est-à-dire, de petites sorties partielles, ayant pour but de fouiller quelque village place dans le rayon d'investissement, afin d'y prendre les provisions en nature, telles que blé, avoine, paille, bœufs, vaches, qui pouvaient s'y trouver. Mais les Prussiens avaient eu bien soin de visiter lesdits villages et de prendre, avant nous, la majeure partie de ces denrées; et ce que nous pouvions y recueillir encore, était insignifiant pour les besoins d'une armée qui comptait alors 180,000 hommes et 50,000 chevaux.

Du reste, la plupart de ces petites expéditions, dans le détail desquelles je n'entrerai pas, n'avaient guère d'autre résultat que de nous faire perdre du monde pour quelques malheureuses bottes de paille. En effet, les Prussiens étaient toujours prévenus d'avance. Ils savaient aussitôt que nous, et avant nous même, tout ce que nous devions faire ; et quand on n'avait pas le temps de les prévenir par des émissaires, on les prévenait par le son du canon des forts.

C'est ainsi que pour le 3e corps, qui était campé sous le fort Saint-Julien, il ne se fit pas un fourrage, pas la plus petite sortie, sans que le canon du fort se mit à tonner une heure avant de départ des troupes, afin de prévenir les Prussiens de se tenir sur leurs gardes et de se préparer à nous recevoir; en effet, ils sortaient des villages où ils étaient cantonnés, amenaient leurs pièces dans les batteries qu'ils avaient construites et nous attendaient de pied ferme.

Et un jour que je demandais au commandant du fort, un excellent et très-brave colonel d'artillerie, l'explication de cette conduite, il me répondit textuellement : « Mon cher ami, c'est l'ordre du ma-
« réchal (1). J'ai l'ordre formel, toutes les fois que vous devez faire
« une sortie, d'ouvrir le feu une heure avant que vous ne vous met-
« tiez en marche. »

Il était impossible dans ces conditions, et surtout à l'heure où se faisaient ces expéditions (2), qu'elles eussent des résultats bien avantageux pour nous. Chaque fois on perdait du monde, quelquefois beaucoup de monde, et les ressources qu'on en retirait étaient tout à fait insuffisantes pour les besoins de l'armée.

Un autre que le maréchal Bazaine eût fait ces coups de main dans le plus grand secret, le soir, à la nuit, ou le matin avant l'aube. Mais lui, les faisait en plein jour, et quand l'ennemi était bien prévenu. Du reste, il n'ordonnait ces mouvements que pour faire prendre patience à l'armée; ce n'était pas le moment en effet de faire des réquisitions dans les villages pour y avoir quelques misérables denrées; c'est avant le blocus qu'il fallait s'occuper d'approvisionnements, c'est quand la ville était ouverte qu'il fallait y amasser des subsistances.

(1) Cet ordre émanait-il du maréchal Lebœuf, commandant le 3ᵉ corps, ou du maréchal Bazaine, commandant en chef? je l'ignore. Dans tous les cas, le maréchal Lebœuf, étant en sous ordre du maréchal Bazaine, ne pouvait être que le porte-voix de ce dernier.

(2) C'était généralement en plein midi.

IV

Cependant la disette commençait à se faire sentir. On avait complétement négligé d'approvisionner Metz, qui n'avait que pour deux mois de vivres. L'armée en avait pour moins de temps encore : elle n'avait en fait de viande que les quelques troupeaux qu'elle avait amenés avec elle au début de la campagne, et en fait de fourrage que des quantités fort minimes.

Aussi dès le 15 septembre les chevaux ne reçurent-ils plus ni paille, ni foin, ni avoine ; mais pendant quinze jours ou trois semaines, on leur donna, en faible quantité il est vrai (deux kilos par cheval et par jour), de la paille de froment non battue, c'est-à-dire avec le grain. Ainsi on se trouvait autour d'une place bloquée avec la plus extrême rigueur, sans approvisionnements aucuns pour ainsi dire, et l'on donnait le froment à manger aux chevaux ! Le froment, cette manne du Ciel réservée à l'homme ! Ce qui, en temps ordinaire, aurait été regardé comme un sacrilége, on le faisait avec la plus grande insouciance dans les circonstances critiques où nous nous trouvions. Il est impossible de pousser plus loin l'imprévoyance ; et l'on doit se demander si malheureusement cette imprévoyance n'était pas volontaire.

Que fit-on pour le pain, l'aliment nécessaire et indispensable par excellence, celui qu'il fallait le plus ménager ? Jusqu'au 20 septembre on laissa la ration au taux ordinaire de 750 grammes ; puis, ce jour-là, on la réduisit tout à coup à 500 grammes. Cette diminution subite fut très-sensible au soldat : elle occasionna des murmures dans le camp, et dans Metz des scènes regrettables aux portes des boulangeries, qui furent assaillies par des hommes affamés. Il eût fallu faire cette réduction de 250 grammes petit à petit, en réduisant de 50 grammes par 50 grammes tous les quatre ou cinq jours :

de cette façon la diminution eût été insensible, et les estomacs s'y seraient plus facilement habitués. Plus tard, la ration fut abaissée à 300, puis à 200 grammes, et encore le pain était-il fait avec la farine et le son mélangés. A ce moment la souffrance était grande; et les hommes, à qui le commandant en chef n'a jamais adressé une parole d'encouragement pendant ce long blocus, commençaient à se plaindre et à se décourager.

Pour la viande, les ressources en bœufs et en vaches furent vite épuisées. Dès le 10 septembre on commença à manger du cheval, et on ne mangea plus d'autre viande jusqu'à la fin du blocus. La ration en fut portée à 750 grammes, pour compenser la diminution du pain. Tous les chevaux de l'artillerie et de la cavalerie y passèrent; il s'en fit une effroyable consommation. 40,000 de ces pauvres bêtes périrent à l'abattoir.

Quant aux autres denrées, le riz, le sucre, le café, les rations en furent successivement réduites jusqu'à des doses insignifiantes.

Le sel manqua complétement dès le commencement du blocus, et la privation de cet aliment fut peut-être la plus dure de celles que nous eûmes à supporter. Heureusement il se trouvait tout près de Metz une source d'eau salée, à laquelle les hommes allaient chaque jour puiser, ce qui leur permettait au moins de manger la soupe salée.

D'après le tableau succinct que je viens de tracer de la situation alimentaire de l'armée pendant le blocus, on jugera de quelle manière les approvisionnements avaient été faits, et combien peu ils étaient en rapport avec les besoins de l'armée et la situation que le rigoureux blocus des Prussiens lui faisait. A qui doit-on s'en prendre de cette incurie? à celui qui s'était renfermé avec une armée de 150,000 hommes sous les murs de Metz, sans s'assurer des vivres pour sa subsistance.

V

Pendant ce temps, on apprit la capitulation de Sedan et la chute de l'empire. Le maréchal Bazaine, dans un ordre du jour daté du 16 septembre, annonçait à ses troupes ces événements : dans ce factum il semblait reconnaître en fait le gouvernement de la défense nationale, et engageait même avec un certain patriotisme l'armée à continuer sa mission, qui était, disait-il, de défendre le sol de la Patrie.

Malgré cette sorte de profession de foi, le maréchal se serait, paraît-il, livré dans le même temps à des machinations plus ou moins ténébreuses en vue d'une restauration bonapartiste, et il aurait même dans ce but envoyé successivement en mission les généraux Bourbaki et Boyer. Je n'approfondirai pas cette question, mon but étant de ne m'occuper surtout que de faits militaires, et de ne parler que de choses qui soient parfaitement à ma connaissance. Or, on ne sait encore rien de positif sur ces intrigues. Attendons que le jour se soit fait.

VI

Malgré les privations qu'il lui imposait, l'armée supportait le blocus avec résignation : elle espérait toujours qu'un jour ou l'autre la verrait reprendre les armes et franchir quand même les lignes des Prussiens. La population de Metz demandait avec instance le départ des troupes, disant qu'avec 40,000 hommes et ses gardes nationales (mobile et sédentaire) elle tiendrait tête à l'ennemi. Elle se plaignait de ce que l'armée épuisait les ressources de la ville, et elle préférait avoir moins de défenseurs et des vivres pour plus longtemps.

Cependant le maréchal Bazaine restait toujours invisible et muet dans sa retraite du Ban-Saint-Martin. Pour tromper l'armée et lui prouver qu'elle ne pouvait songer à franchir les lignes ennemies, il fit dresser une carte de tous les retranchements, de toutes les redoutes, de toutes les batteries que l'ennemi avait élevés ou était censé avoir élevés dans le cercle d'investissement, et il la fit répandre dans tous les états-majors. Cette carte représentait les positions des Prussiens comme très-fortes ; mais l'eussent-elles été dix fois plus, et eût-on dû perdre pour les franchir 30 ou 40,000 hommes, il fallait les franchir, et non pas finir honteusement comme nous avons fini.

En même temps, le maréchal cherchait à habituer les officiers à l'idée d'une capitulation, en leur faisant dire par les chefs de corps que la situation en France était fort grave, que l'anarchie y régnait partout, et que l'armée de Metz, tout en promettant de ne pas combattre contre les Prussiens, pourrait bien rentrer en France pour y jouer un rôle de pacification intérieure.

Pour atténuer la mauvaise impression de ces tristes discours, le maréchal inondait l'armée de décorations. C'est là que la faveur et l'intrigue se donnèrent libre carrière ; les propositions pour la croix, les plus injustes, les plus absurdes même, étaient accueillies favorablement, et l'on a vu là des tours de passe-passe, et en même temps de passe-droit, dont on causera longtemps dans l'armée. Le maréchal nous croyait tous taillés sur le patron des *pourris* de l'Empire ; il croyait que cette avalanche de rubans empêcherait la manifestation de l'opinion unanime que l'on avait de lui. Malheureusement, les faits étaient là qui ne permettaient pas de doutes sur sa trahison.

Dans les derniers jours d'octobre, les bruits de capitulation commencèrent à devenir de plus en plus inquiétants ; on annonça d'abord que les officiers seuls seraient prisonniers ; que la troupe serait renvoyée dans ses foyers : c'était un leurre. Depuis longtemps, le maréchal Bazaine et le prince Frédéric-Charles, qui se voyaient souvent et dînaient parfois ensemble, étaient d'accord ; ils étaient parfaitement convenus de leurs faits : le maréchal traitait pour l'armée et la ville, et livrait l'une et l'autre aux Prussiens. Tel était le marché qui s'était conclu à notre insu et sans que nous nous en doutassions. Quel en fut le prix? C'est ce que l'histoire dira peut-être un jour.

Il faut dire à la louange de la population de Metz tout entière que lorsqu'elle apprit qu'il était question de capitulation pour la Ville-Pucelle, pour cette ville qui n'avait jamais vu l'ennemi dans ses murs, l'indignation fut générale. On protesta avec la plus vive énergie, avec violence même, contre ce droit que s'arrogeait le maréchal Bazaine de livrer aux Prussiens une ville intacte qui ne demandait qu'à être attaquée et à se défendre. Les gardes nationaux se jetèrent sur leurs armes en déclarant qu'ils ne les rendraient pas, et peu s'en fallut qu'ils n'allassent au Ban-Saint-Martin faire un mauvais parti au maréchal.

Cependant celui-ci, pour donner le change et faire croire que rien n'était encore conclu (quand tout était arrangé d'avance), pria l'honorable et brave général Changarnier, qui servait dans l'armée à titre de volontaire, on peut le dire, puisqu'il n'avait pas de commandement, de se rendre à Ars-sur-Moselle, quartier général du prince Frédéric-Charles, pour y débattre les conditions d'une capitulation honorable.

Le prince reçut fort courtoisement l'illustre général, mais ne voulut pas parler de capitulation, et affecta de causer de tout autre chose. Le général Changarnier revint à Metz avec la douloureuse conviction que tout était consommé, et que le voyage qu'on lui avait fait faire n'avait d'autre but que de sauver les apparences. Le lendemain 28, le général Jarras, chef d'état-major général, signait pour le maréchal Bazaine la capitulation que l'on connaît. L'armée était prisonnière de guerre, ses armes et son matériel devaient rester dans la place jusqu'à la conclusion de la paix (1); enfin, la ville était ouverte à l'ennemi, qui s'engageait à respecter les personnes et les propriétés.

(1) Mais depuis les Prussiens s'en sont emparés et s'en sont servis pour armer leurs troupes et pour bombarder Thionville et nos autres places fortes.

On eut soin de désarmer les troupes avant qu'elles ne connussent d'une manière officielle les termes de la capitulation : on craignait qu'elles ne fissent quelque résistance. Mais tout se passa avec calme. Les hommes, il faut bien le dire, étaient démoralisés, abattus, et ils acceptèrent la capitulation avec indifférence, espérant que c'était pour eux la fin des privations et des misères.

Les officiers conservèrent leurs armes et durent se résigner à leur triste sort. La force de la discipline, qui leur avait fait supporter pendant deux mois l'autorité d'un chef qui n'avait plus ni leur confiance ni leur estime, leur fit supporter sans révolte ce nouveau revers.

Le 29, ils eurent la douleur de conduire leurs hommes aux avant-postes prussiens, et de les livrer à leurs vainqueurs ; puis ils rentrèrent à Metz, le cœur navré, l'âme brisée. Deux jours après, on les expédiait sur Mayence dans des wagons à bœufs, sans même avoir de banquettes pour s'asseoir. Ce sont là les procédés des Prussiens, il ne faut pas s'en étonner. Nous autres Français, il ne nous serait jamais venu à l'idée de faire voyager des officiers prisonniers de guerre dans des wagons à bœufs ; mais si le mot de Napoléon : « Grattez le Russe, vous trouverez le Cosaque » est juste, on peut dire avec non moins de raison : « Grattez le Prussien, vous trouverez le barbare. »

Le crime était consommé. Par la trahison du maréchal Bazaine une armée de 140,000 hommes était faite prisonnière, et le plus fort boulevard de la France était livré à l'ennemi !

Je n'ajouterai rien à ces lignes. J'ai exposé les faits dans toute leur vérité, tels qu'ils se sont passés aux yeux de l'armée tout entière. Chacun pourra maintenant, dans son âme et conscience, apprécier et juger la conduite du maréchal Bazaine.

Avant de terminer, je veux citer une page qui peint l'homme tout entier, avec sa duplicité et son outrecuidance, et qui est en même temps sa plus grande condamnation : c'est l'ordre du jour par lequel il annonce à l'armée la capitulation.

Le voici en entier :

« A L'ARMÉE DU RHIN !

« Vaincus par la famine, nous sommes contraints de subir les lois de la guerre, en nous constituant prisonniers. A diverses époques de notre histoire militaire, de braves troupes commandées par Masséna, Kléber, Gouvion Saint-Cyr, ont éprouvé le même sort, qui n'entache en rien l'honneur militaire, quand, comme vous, on a aussi glorieusement accompli son devoir jusqu'à l'extrême limite humaine.

« Tout ce qu'il était loyalement possible de faire pour éviter cette fin a été tenté et n'a pu aboutir.

« Quant à renouveler un suprême effort pour briser les lignes fortifiées de l'ennemi, malgré votre vaillance et le sacrifice de milliers d'existences qui peuvent encore être utiles à la patrie, il eût été infructueux, par suite de l'armement et des forces écrasantes qui gardent et appuient ces lignes ; un désastre en eût été la conséquence.

« Soyons dignes dans l'adversité ; respectons les conventions honorables qui ont été stipulées, si nous voulons être respectés comme nous le méritons. Evitons surtout, pour la réputation de cette armée, les actes d'indiscipline comme la destruction d'armes et de matériel, puisque, d'après les usages militaires, places et armements doivent faire retour à la France lorsque la paix sera signée.

« En quittant le commandement, je tiens à exprimer aux généraux, officiers et soldats, toute ma reconnaissance pour leur loyal concours, leur brillante valeur dans les combats, leur résignation dans les privations, et c'est le cœur navré que je me sépare de vous.

« Ban-Saint-Martin, 28 octobre 1870.

« Le maréchal de France, commandant en chef,

« BAZAINE. »

Bazaine dans Metz se comparant à Masséna dans Gênes : après cela il faut tirer le rideau...

FIN

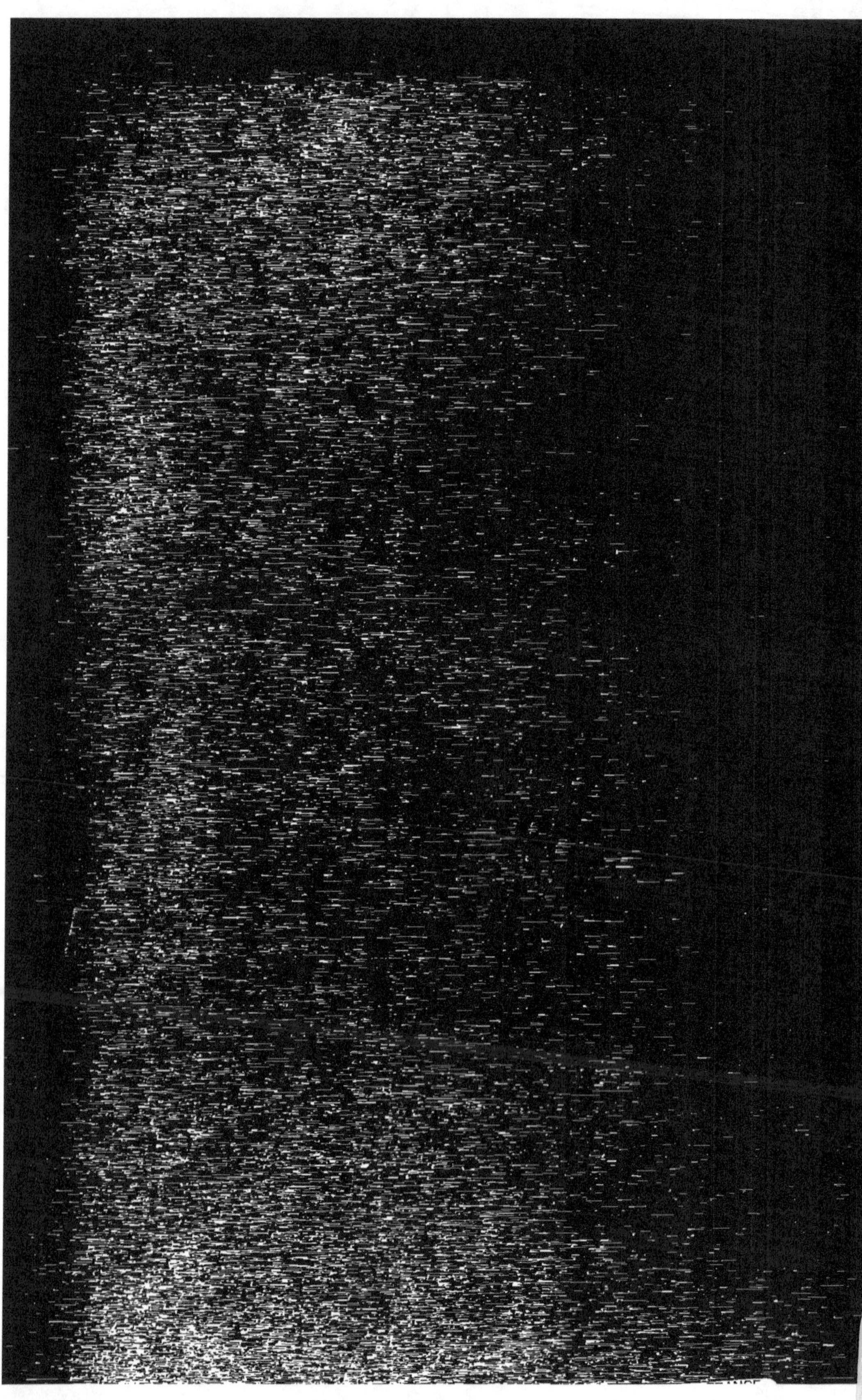